Sauver l'Europe !

Du même auteur

Les Mondes de François Mitterrand, Fayard, 1996, nouvelle édition 2016

Atlas des crises et des conflits, Armand Colin, 2009, nouvelle édition 2016

Le Monde au défi, Fayard, 2016

Atlas du monde global, Armand Colin, 2010, nouvelle édition 2015

La France au défi, Fayard, 2014

Dans la mêlée mondiale: *2009-2012*, Fayard, 2012

Le Temps des chimères: 2003-2009, Fayard, 2009

Continuer l'Histoire, Fayard, 2009

Rapport pour le président de la République sur la France et la mondialisation, Fayard, 2007

François Mitterrand. Un dessein, un destin, Gallimard, 2006

Face à l'hyperpuissance, Fayard, 2003

Mieux aménager sa ville, Éditions du moniteur, 1979

Hubert Védrine

Sauver l'Europe !

Liana Levi

ISBN : 978-2-86746-850-6

www.lianalevi.fr

I

Un décrochage manifeste des peuples

Plus de soixante-dix ans après la fin de la Seconde Guerre mondiale, cinquante-neuf ans après le traité de Rome, trente et un ans après les accords de Schengen, vingt-quatre ans après le traité de Maastricht, dix-sept ans après l'entrée en vigueur de l'euro, l'Europe, ou plus exactement l'Union européenne, est dans un état de grave déréliction ou tout au moins d'hébétude. Malgré son fonctionnement de routine, ses sommets à répétition et quelques décisions spectaculaires (par exemple contre Apple malgré l'avis de l'Irlande), l'état d'urgence est proclamé. Le moment est « critique », disent les Vingt-Sept.

Cette construction admirable, idéaliste, mais aussi péremptoire et en partie artificielle, devait être rattrapée par le monde réel. C'était déjà perceptible avant le Brexit. C'est encore plus évident depuis. Ou en tout cas cela le devrait. Nous y voilà.

Fragilités de l'Union

La fragilité de l'Union européenne est profonde. Elle est interne avant d'être externe, même si des menaces et des défis extérieurs font l'actualité. Voulue par la majorité des élites de droite et de gauche, menée pendant des décennies « dans l'intérêt des peuples » mais sans eux – si ce n'est des consultations épisodiques ou des ratifications *a posteriori* –, la construction européenne se heurte depuis plus de vingt ans à une résistance croissante, passive ou active. De référendums gagnés ric-rac (Maastricht, en 1992) en référendums perdus (traité constitutionnel en 2005,

Brexit en 2016), sans parler des 60 % d'abstention en moyenne aux élections au Parlement européen, le décrochage est de plus en plus manifeste.

Pourtant, face au démenti des faits, le catéchisme paternaliste et autoritaire des européistes reste inébranlable : l'Europe ne peut qu'avancer, il faut toujours « plus d'Europe », avoir le courage de « faire un saut fédéral », dépasser les « égoïsmes nationaux ». C'est très mal de vouloir se « replier sur soi » (d'où, pendant longtemps, l'élargissement constant et confiant de Schengen sans que soit créé un contrôle suffisant à la périphérie). On a fait adopter par les Parlements des textes rejetés par référendum (Constitution, via le traité de Lisbonne) et, si nécessaire, on a fait revoter les peuples jusqu'à ce qu'ils se prononcent dans le bon sens (Irlandais, Danois), négligeant les traumatismes infligés à la psyché démocratique.

Pire encore, tous ceux qui contestent tel ou tel aspect de cette construction ou restent attachés à leur identité, les sceptiques, les déçus, sont mis dans le même sac que les vrais anti-européens, et fustigés comme étant égoïstes, nationalistes, souverainistes (quel exploit aussi que d'avoir fait de l'attachement légitime à la souveraineté, immense conquête démocratique, une tare !), voire lepénistes (et de fait, ce mépris agressif envers les votes populaires de la part d'élites honnies a nourri le FN ou ses homologues ailleurs).

Le fossé entre élites européistes et populations s'est ainsi creusé au fil des années. Il est devenu le problème numéro un. Le plus dangereux.

Le second élément de fragilité est constitué par l'ingénuité extérieure de l'Union. Celle-ci se prétend « mère de la paix », alors que, chronologiquement, elle en est la fille. Même si les dirigeants européens ont eu le mérite de transformer la paix froide imposée en Europe, grâce à l'URSS à Stalingrad et aux Américains en 1945, en un projet commun, ils ont bâti et clamé une narration à l'eau de rose : « l'Europe, c'est la paix. » L'Union devait se construire en dépassant les identités. Elle pèserait sur le monde par ses « valeurs », par la norme, les conditionnalités ou l'aide, par la force de la société civile. Sa libre circulation serait contagieuse. Sans même avoir besoin de créer une Europe-puissance ou une Europe de la Défense, l'Europe prouverait la caducité des rapports de force, servirait de modèle à d'autres peuples confrontés à un lourd héritage d'antagonismes. Elle civiliserait la mondialisation. Aspirations touchantes adaptées à un monde post-tragique, anhistorique, s'il avait existé.

Las ! Cette entité européenne bien-pensante, gorgée de bonnes intentions, assurée de son irréversibilité, se réveille aujourd'hui douloureusement, comme dans une sorte de *Jurassic Park.* À la concurrence économique débridée, issue de la dérégulation excessive de l'économie globale de marché qui nous oblige à être compétitifs sans que nous ayons rien demandé, aux crises financières issues du casino américain, aux crises de l'euro, au psychodrame grec, viennent s'ajouter la flambée des flux migratoires, le déferlement sans précédent des demandeurs d'asile chassés par les guerres, la découverte (tardive) des affrontements mondiaux et meurtriers au sein de l'islam (une petite minorité de fous d'Allah contre l'ensemble des musulmans « impies » ou « renégats », des chrétiens, des juifs… la lutte sunnites/chiites au Moyen-Orient, le spectre du terrorisme), le réveil des nationalismes russe, chinois, israélien, arabe, indien et d'autres encore. Sans oublier la démographie et le compte à rebours écologique. Il n'y a pas à s'étonner que de tels chocs fassent s'écrouler le monde rêvé par l'Europe et éclater les contradictions latentes entre Européens, gérées tant bien que mal au jour le jour, c'est-à-dire escamotées.

Les symptômes antérieurs du rejet

Le rejet du traité « constitutionnel » par 54,67 % des voix au référendum du

29 mai 2005, véritable insurrection électorale, avait déjà sidéré les élites, étouffées par la stupéfaction et l'indignation. Les réflexions sur les causes de ce rejet n'ont pas été fouillées. Pourtant, ces « non » venaient de loin et avaient fait boule de neige.

Treize ans plus tôt, il y avait eu l'avertissement de Maastricht, les 49,2 % de « non », aussitôt oubliés. 50,8 % seulement pour Maastricht alors que tous les grands leaders politiques (Mitterrand, Chirac, Balladur, Valéry Giscard d'Estaing...) étaient pour le « oui » !

Les raisons – qui perdurent treize ans plus tard, en 2005 – quelles sont-elles ? D'abord les mots « intégration politique », Graal pour certains, sonnent pour beaucoup comme une menace. L'ambition européenne semble se réduire à une façon bureaucratique de niveler le marché unique à coups de directives et de normes intrusives et tatillonnes – plus encore qu'aux États-Unis ! –, ce qui braque une partie de l'électorat.

Ensuite, pour l'électorat d'Europe de l'Ouest, l'élargissement massif de l'Union, asséné comme une dette morale non discutable, avec ses « quatre libertés », dont celle de circulation. Depuis des années, le sentiment (fut-il infondé au regard des chiffres) que les mouvements migratoires (d'où qu'ils viennent et quels qu'ils soient) ne sont pas sérieusement contrôlés fait monter la défiance anti-européenne. Cela a joué aux Pays-Bas en 2005, comme en Grande-Bretagne en 2016. S'ajoute aussi le carambolage, fatal, entre la relance de l'intégration européenne il y a trente ans et la vague de dérégulation mondiale et de mise en concurrence généralisée, alors que la France, emberlificotée dans son « modèle social », n'arrive déjà pas à faire baisser son taux de chômage.

Citons encore, pour la France, l'agacement provoqué par la balourdise et la morgue des élites lors du bombardement médiatique en faveur du « oui », à quelques rares voix près, et l'exaspération face à la stigmatisation indignée de toute réticence.

Enfin, bien sûr, le contexte de politique intérieure française de 2005, le sentiment de n'avoir été ni compris ni écoutés, les péripéties de campagne, et l'efficace démagogie des tenants du « non ».

Au bout du compte : 15 422 000 voix pour le « non ». Choix bientôt suivi par 62 % des électeurs néerlandais, peuple pourtant longtemps europhile, et le gel britannique de son propre référendum, ce qui démontre déjà, en cette année 2005, qu'il ne s'agit pas d'un problème français mais bien européen.

Tout cela aurait dû déclencher une réflexion non pas sur la légitimité de l'idée européenne mais sur sa mise en œuvre, son rythme, son rapport avec les démocraties nationales. Rien de tel.

Les Français seraient-ils, quant à eux, devenus anti-européens ? Évidemment non. Mais ils ressentent sur « l'Europe » un malaise qui est nié. Ce qui a envenimé la situation, c'est cet acharnement à ridiculiser tout sentiment patriotique, à caricaturer tout doute quant à l'élargissement, même légitime et pas du tout xénophobe, à jeter la suspicion sur tout désir bien naturel de conserver une certaine souveraineté sur son destin et son identité dans la mondialisation, à balayer avec mépris toute critique. C'est tout cela qui, avec l'insécurité sociale, l'insécurité identitaire, le sentiment de dépossession démocratique, a fermé toutes les issues et poussé les Français à frapper aussi fort.

Paradoxe : les rédacteurs du traité constitutionnel croyaient avoir trouvé un bon équilibre entre l'Europe et les nations. C'était d'ailleurs, à l'époque, plutôt mon avis, même si je jugeais prétentieusement exagéré et dangereux de qualifier ce traité de « Constitution » car cela attisait les craintes et accroissait les attentes. Les électeurs n'ont pas jugé cet équilibre satisfaisant. Néanmoins, les Français et la plupart des peuples européens restaient, et restent sans doute, disponibles pour un projet européen, pour peu qu'il soit raisonnablement reformulé et qu'ils se sentent entendus.

Alors, comment traduire l'attente exprimée par ce vote de 2005 ? Face aux effets de la mondialisation et pour échapper aux lois du marché mondial, tenants du « non » comme du « oui » réclamaient « l'Europe sociale ».

Mais ce beau slogan est un leurre ! Il n'y a jamais eu unanimité ni même majorité au sein de l'Union pour garantir au niveau européen le « modèle » social français, encore moins pour le généraliser. Car ce modèle n'en était plus un, avec son incapacité enkystée à créer des emplois non subventionnés en dépit de son coût sans cesse plus asphyxiant pour les finances publiques. Plutôt un antimodèle. Or, c'était dans l'espoir d'une « Europe sociale » que beaucoup d'électeurs de gauche étaient devenus pro-européens. Et c'était pour la relancer que beaucoup d'entre eux avaient voté « non » en 2005. C'était il y a onze ans, mais surmonter ces contradictions reste une obligation très sérieuse pour la gauche.

En 2009, le traité de Nice, qui avait fixé en 2000 le nombre de parlementaires et les droits de vote des nouveaux membres, fut remplacé par le traité de Lisbonne. Celui-ci reprenait, sans les grands principes ni la partie symbolique, toute la partie opérationnelle du traité constitutionnel rejetée par référendum en 2005.

L'avis des peuples était ainsi contourné, pour ne pas dire piétiné. Les médias furent presque unanimes à saluer le traité de Lisbonne, soulagés que le résultat du référendum soit contourné.

Le Brexit, dernier symptôme en date

Consultés le 23 juin 2016 par référendum – David Cameron n'ayant pas vu d'autre moyen d'échapper à la dénonciation anti-européenne de l'UKIP que de tenter ce pari –, les Britanniques ont décidé à 51,9 % de sortir de l'Union européenne.

Même si on peut penser que les Anglais, peuple extraordinaire, finiront par rebondir après cet épisode absurde et bien des péripéties pénibles qu'ils auraient pu s'éviter et nous éviter, qu'il n'y aura pas de contagion à court terme, que l'idée arrogante de les « punir » ne tiendra pas et que personne ne peut prévoir où en seront la Grande-Bretagne et l'UE en 2018 ou 2019, l'essentiel pour nous aujourd'hui est de ne pas nous tromper d'analyse.

Les milieux les plus intégrationnistes, les psalmodiants de « l'Union sans cesse plus étroite », se refusent à analyser ce vote autrement que comme du « populisme », mot fourre-tout, une aberration de la Grande-Bretagne se séparant d'une Europe qui jusqu'ici marchait bien ! L'évidence que l'Union s'est mêlée trop de tout et de n'importe quoi, abusivement et lourdement, que, en sens inverse, trop de promesses exagérées se sont retournées contre elle et qu'elle a failli en revanche dans ce que « les gens » à tort ou à raison attendaient d'elle, est escamotée. C'est seulement la ligne suivie qui aurait été mauvaise – la fameuse « austérité », pour corriger, rappelons-le, un endettement toujours aggravé – et pas l'abus de décisions détaillées au niveau européen, confiscatoire de la démocratie nationale et locale. Un peu d'État providence européen, quelques gadgets, quelques vœux pieux et tout irait mieux. Il s'agit évidemment d'un diagnostic erroné.

La mesure du décrochage

En fait, loin d'être un phénomène isolé, le vote des Britanniques, favorable au Brexit lors du référendum du 23 juin, nous oblige à ne plus fermer les yeux sur l'attitude de plus en plus critique et de plus en plus distante des peuples d'Europe en général. Aucun autre ne veut « sortir » de l'Union, mais aucun n'y est plus vraiment à l'aise.

La réalité sans fard est qu'il y a aujourd'hui en moyenne dans les différents pays de l'Union – cela varie beaucoup d'un pays à l'autre – entre 15 et 25 % d'*anti*-européens (*anti*, pas seulement *sceptiques*, on a bien tort de confondre les deux) ; à l'autre extrême, peut-être de 15 à 20 % de « pro-européens » traditionnels et raisonnables, de centre gauche ou de centre droit ; sans doute guère plus de 1 % de vrais européistes fédéralistes (électoralement inexistants mais encore influents auprès de certaines élites et dans les médias, les *think tanks*, les milieux économiques et auprès de quelques leaders sociaux-démocrates) ; et, entre les deux, une majorité d'environ 60 % d'eurosceptiques (au sens premier : dubitatifs), d'Européens déçus ou devenus allergiques !

Année après année, chaque élection, nationale ou européenne, référendum, référendum consultatif, sans parler des études et sondages, confirme ce décrochage des peuples. L'Union européenne est donc un organisme affaibli, miné de l'intérieur. Plus encore, elle rassemble des États membres qui fonctionnent sur la base de la démocratie représentative, laquelle est de plus en plus contestée partout dans le monde par une revendication croissante et vengeresse de démocratie participative, ou même directe, de la part d'activistes démocratiques surinformés, impatients et exigeants. Presque aucune ne fonctionne vraiment bien, à la seule exception, jusqu'ici, en Europe, de l'Allemagne.

C'est cet ensemble fragilisé qui doit relever des défis extérieurs redoutables ! Les provocations de Poutine, qui mettent en lumière les divergences entre États membres, selon qu'ils sont ou non frontaliers de la Russie et qu'ils ont été ou non asservis par l'URSS. Les défis qui découlent d'une vague sans précédent de demandeurs d'asile, en immense majorité syriens, pour l'essentiel musulmans, et, *en même temps*, de migrants économiques, venus d'Afrique ou d'ailleurs, ce qui met en lumière la profonde faille entre ceux des Européens qui jugent inéluctables et acceptables les sociétés multiculturelles (en clair : avec un pourcentage élevé de musulmans), et ceux – les pays d'Europe de l'Est qui furent sous la coupe de l'Empire ottoman puis de l'URSS – qui n'en veulent à aucun prix. Tout cela sur fond de croissance souffreteuse, de baisse continue de la part des Européens dans la démographie mondiale, et de compte à rebours écologique (climat, biodiversité, pollutions, menace sur les forêts et les océans).

Au jour le jour, les institutions européennes fonctionnent. À la seule exception des Britanniques (et encore, les conséquences à moyen terme du Brexit ne sont pas claires), les contestations franches des règles européennes restent rares, et si aucun État membre ne conçoit son avenir en dehors de l'Union ou sans elle, n'empêche qu'il existe bel et bien un danger de dislocation de l'Union ou, au minimum, de stagnation. Les institutions européennes tourneraient alors à vide.

Bref, ça fonctionne mais les fragilités sont de plus en plus apparentes. Il n'est pas exagéré de parler à propos de l'Union, telle qu'elle est conçue aujourd'hui, de crise existentielle.

II

De mauvaises réponses à une crise existentielle

Plusieurs mauvaises solutions sont proposées pour sortir de cette crise, quand elle est admise.

Pendant longtemps, la plupart des dirigeants européens ont d'abord totalement nié ce décrochage. Beaucoup d'entre eux continuent d'ailleurs à jouer les autruches, même après Bratislava, en septembre 2016, où quelques-uns ont commencé à se montrer plus lucides. La peur que les peuples soient entraînés par de méchants bergers « populistes » – qui les inciteraient sans scrupule à ne plus voter comme les élites le souhaitent – les a conduits depuis des années à dénoncer le populisme à coups de discours indignés et de sermons. Cela donne bonne conscience mais ne fait pas régresser le populisme, parfois même l'attise puisque les gens rejettent de plus en plus ceux qui les fustigent. Et cela ne résout rien puisqu'on n'en traite pas les causes.

Quant aux anti-européens systématiques, ils se contentent de dénoncer une Union européenne jugée responsable de tous les maux, d'attiser et d'exploiter toutes les frustrations, les peurs et les regrets, qu'elles aient un rapport avec l'Union ou non. Ils veulent sortir de l'euro, de Schengen, de l'UE et tissent des plans imaginaires, sans être capables d'en expliquer les mécanismes, ni d'en évaluer les implications, ni, à quelques exceptions près, de détailler ce qu'ils feront *après* (on songe aux inspirateurs du Brexit dépassés par les conséquences de leur démagogie).

À rebours des opposants à tout, la première réponse du système, qui découle du déni, du confort de l'immobilisme ou de la peur des bouleversements est donc…

pas de réponse. Il n'y aurait rien à changer d'essentiel, quels que soient les résultats de telle ou telle consultation électorale. Trop dangereux. Impossible. On continue comme avant.

Plus d'Europe ou la fuite en avant

Il est frappant de constater que les tenants de la ligne « Plus d'Europe », avec une entière bonne foi – « foi » est bien le mot –, n'analysent jamais ce décrochage et n'esquissent jamais la moindre autocritique. Ils se bornent à le stigmatiser, espérant le réduire par la morale et une condamnation infamante. Ils appellent à la rescousse, *ad nauseam*, des mythes rétroactivement fondateurs mais inopérants – « l'Europe c'est la paix » –, convoquent la théorie du vélo selon laquelle si l'Europe n'avance pas, elle tombe, ou encore l'affirmation invérifiée que l'Europe ne progresse que par crises. Ils dénoncent les « égoïsmes nationaux » (pourtant, on ne taxe pas d'égoïsme municipal le maire de Berlin s'il ne se préoccupe pas en priorité de Francfort, ou celui de Marseille s'il ne pense pas d'abord à Paris). Ils stigmatisent le « repli sur soi », nouvelle rengaine pleurnicharde. Mais va-t-on dire que Schengen « se replie sur soi » quand sa frontière extérieure sera efficacement gérée ? Oubliant la « fédération d'États-nations », ils affirment péremptoirement qu'États et nations sont dépassés par leur passé chargé, leur petite taille, le fait que tout est « global », etc.

Les condamnations du « souverainisme » pleuvent. Pourtant, l'obtention de la souveraineté politique fut une extraordinaire conquête. N'est-ce pas s'être tiré une balle dans le pied, démocratiquement parlant, que d'avoir fait du « souverainisme » un épouvantail, aveu aux conséquences dévastatrices ? Pour preuve, les mêmes zélotes ont cessé depuis peu de glorifier les « abandons » et même les « transferts » de souveraineté, et parlent plus benoîtement, mais un peu tard, de « l'exercer en commun ».

Même rhétorique stigmatisante dans le rejet dégoûté des idées « nauséabondes », terme convenu pour évoquer les années trente, supposé susciter une horreur réflexe et réveiller le désir d'intégration européenne. Ces formules sont employées comme l'eau bénite était censée anéantir les vampires. Mais cela fonctionne de moins en moins, sinon on n'en serait pas là.

Face à la crise, les propositions des milieux « européistes » relèvent à peu près toutes de la fuite en avant institutionnelle. Elles émanent de responsables anciens ou actuels des ministères des Finances, ou de leurs proches, de gouverneurs de Banques centrales, de responsables d'institutions européennes ou d'organismes qui en dépendent. Sous prétexte « d'audace », de « courage », « d'initiative », de « sursaut », il s'agit d'intégrer plus encore la zone euro.

Il y aurait sans doute un intérêt à harmoniser plus les budgets et la fiscalité (la France y gagnerait). Mais doter, par exemple, la zone euro d'un ministre des Finances, d'un budget propre, d'un Trésor ? On ne voit pas bien en quoi cela réveillerait la confiance des peuples dans la construction européenne, sauf si on rêve de créer ainsi une nouvelle fontaine d'argent public. Et cela sans changer les traités ? On sait qu'aucun nouveau traité, surtout plus intégrationniste, ne serait ratifiable dans le contexte actuel. Et *quid* du rôle des ministres des Finances allemand, français, et des seize autres, si l'on créait un ministre des Finances de la zone euro ? Il est peu probable que l'Allemagne y soit favorable. En quoi ce superministre hors sol serait-il plus légitime pour faire admettre aux peuples récalcitrants des réformes structurelles ou des décisions impopulaires de politique économique ? Tout cela n'est-il pas imaginé par ceux – essentiellement des sociaux-démocrates frustrés de ne plus avoir de grain à moudre au niveau national – qui voudraient retrouver une capacité d'emprunt et d'endettement au niveau européen ? Ce serait contraire à ce que les Allemands attendent de la discipline d'une monnaie unique.

Le fait qu'il n'y ait à l'évidence pas, en ce moment, de voie démocratique vers une intégration renforcée n'arrête pas les partisans du « plus d'Europe », les téléologistes de « l'Union sans cesse plus étroite », les agitateurs du mantra : « L'Europe n'est pas le problème mais la solution. » Est-ce de l'aveuglement ? De l'attachement entêté à une utopie qui eut historiquement sa noblesse ? Une fidélité émouvante à soi-même, mais décalée, pour des militants d'un certain âge ? Sans doute un peu des trois…

Recentrer l'Europe

Certains proposent cependant de faire mieux contrôler démocratiquement la zone euro, soit par une instance spéciale du Parlement européen, soit par une émanation des Parlements nationaux, soit par une combinaison des deux. Ce serait un progrès démocratique, surtout si les Parlements nationaux y sont associés, mais un remède limité qui ne traiterait pas le mal.

Une approche apparemment mieux inspirée a circulé après le Brexit : faute de pouvoir changer le système (trop compliqué ; trop risqué ; impensable), il faudrait recentrer l'Europe sur les sujets « qui intéressent les gens » : la sécurité, la défense, la croissance, l'emploi, l'immigration, la jeunesse. Cette approche, qui a inspiré les conclusions de Bratislava, n'est pas infondée. Mais chaque point mérite d'être éclairci.

La sécurité ? C'est faire que Schengen soit viable et contrôlable. En effet indispensable. La question est : sommes-nous en voie d'y parvenir ?

La défense européenne ? Mais de quoi parle-t-on au juste ?

Erasmus élargi ? Bien sûr. Impossible d'être contre.

Mais la croissance, mais l'emploi ? L'Europe finirait donc par s'occuper d'encore plus de choses ? Et finalement, de tout ? N'est-ce pas aggraver ce qui a nourri déjà le ressentiment général ? Et n'est-ce pas totalement contradictoire avec l'aspiration des peuples à une démocratie plus proche ? Ce serait une pompe aspirante, cannibalisante, soit le contraire exact du principe de *subsidiarité* qui voudrait qu'on ne traite au niveau européen que ce que l'on ne peut pas traiter efficacement au niveau national ou régional (ou des Landers).

Soigner l'allergie à coups d'allergisants

Ces propositions conduisent donc à un empilement, une accumulation de promesses nouvelles et au risque de dépossession accrue des démocraties nationales. Surtout si rien n'est fait au préalable pour clarifier, pour restituer des compétences au niveau national et stopper la furie normalisatrice des partenaires de la codécision communautaire : Commission, Parlement,

Cour de justice, voire États membres inconséquents cherchant par ce biais règlementaire à désavantager des concurrents. La liste est interminable de ces réglementations abusives, intrusives, trop détaillées ou inopportunes qui ont découlé de cette course à l'échalote. Qu'elles concernent la chasse, les fromages, les étals en plein air, la contenance des chasses d'eau, la forme des pommeaux de douche, la taille des concombres ou des bananes, la définition du chocolat – la directive chocolat est un bijou ! L'harmonisation aurait pu se faire *par objectifs*, sans déterminer de façon bureaucratique au niveau européen la taille de chaque écrou. Le « plus d'Europe », au sens de politiques nouvelles, quoique plus proche des demandes des citoyens, est voué lui aussi, au bout du compte, à susciter des frustrations nouvelles si le système reste inchangé.

Et, mis à part le dernier point, aucune de ces propositions n'a de rapport avec les aspirations démocratiques des peuples, ni n'est de nature à les calmer, au contraire. C'est soigner l'allergie à coups d'allergisants.

Ce répertoire traditionnel (incantations, sermons, stigmatisations, injonction TINA – *There Is No Alternative* –, fuite en avant) est voué à l'échec ou à des résultats décevants, en tout cas dans le contexte actuel, sauf à procéder à coups de faits accomplis, en abusant de la zone grise adémocratique ou postdémocratique, du système européen, qui permet quelques modifications sans toucher aux traités, mais en creusant plus encore le fossé élites/populations et en accroissant le risque que, finalement, une fronde généralisée des peuples renverse tout.

La priorité n'est donc pas de « relancer » l'Europe sur des bases inchangées mais, au préalable, de rétablir le lien entre élites et populations. Les élites et les dirigeants européistes, qui n'ont jusqu'ici jamais envisagé un quelconque droit d'inventaire sur leur bilan et réagissent sur un ton outragé à la moindre critique, doivent s'y résoudre enfin : l'utopie européiste fédéraliste, au départ sincère, et que les horreurs du nationalisme semblaient justifier, a fini par entraîner un profond rejet. Les gouvernements doivent admettre un compromis historique avec les peuples, d'autant que, répétons-le, il n'y a pas de chemin démocratique vers le fédéralisme, ni par référendum ni par les Parlements. Plus que jamais il faut, pour sauver le projet européen, le libérer du dogme européiste et le repenser.

III

Sauver le « projet Europe »

« C'est vrai, zut, il y a les peuples ! » Voilà ce que doivent se dire aujourd'hui les élites. « Tenir compte des peuples. » Redécouvrir cette évidence devrait conduire notamment à ce que des gouvernements convaincus imposent à la Commission et au Parlement une authentique diète normative, par une subsidiarité massive et drastique, stoppant l'autisme réglementaire hypertrophié que les États ont eux-mêmes alimenté, la France en tête. Mais seule la Commission en a fait sa raison d'être, et le fait que les torts soient partagés ne change rien au problème, ni à la nécessité de le résoudre. L'Europe a été bâtie à l'envers. C'est cela qu'il faut corriger.

On peut comprendre que la Commission, le Parlement ou la Cour de justice ne puissent soutenir une telle approche qui réduirait leurs prérogatives, même si Jean-Claude Juncker et Frans Timmermans font parfois preuve de courage à ce sujet. On peut comprendre également que, en France notamment, les deux ou trois générations qui ont fait de l'intégration européenne le combat de leur vie, après que toutes leurs autres croyances progressistes se furent effondrées, se sentent totalement perdues et se raccrochent à ce viatique. Comme si la liberté, l'ouverture, le bonheur, l'espoir, l'amitié entre les peuples, la paix, notre avenir, ne dépendaient que de la seule intégration communautaire des deux dernières décennies, sous la loi du marché unique. Amis, redescendez sur terre. Le moment est venu de penser tout à fait autrement pour sauver l'idée européenne, en la libérant de l'européisme. Et ce faisant, de redonner à chaque pays, dont la France, une pleine respiration démocratique.

Dirigeants politiques et leaders d'opinion, abandonnez le langage sermonneur, autiste et méprisant, qui est devenu répulsif. Arrêtez de stigmatiser sans arrêt, et de façon contre-productive, les « égoïsmes nationaux » et le souverainisme, au lieu de les canaliser, de les apaiser. Ne parlez plus d'« abandon » supplémentaire de souveraineté, mais d'un exercice en commun. Et, bien sûr, confirmez une suspension provisoire de l'élargissement, tout en préservant, pour des raisons stratégiques, une perspective européenne pour l'Europe du Sud-Est. Cessez, en résumé, de réclamer mécaniquement « plus d'Europe » en général. Ce qui n'exclut pas certaines avancées.

Il est encore temps de donner à l'Union future un sens compréhensible par tous : préserver, faire vivre et rayonner le mode de vie européen dans un monde durement concurrentiel, perturbé et déstabilisant. Ce nouveau cours, à condition qu'il soit clair, net et assumé, et non pas subreptice, permettrait de ramener les eurosceptiques vers cette Europe-là et d'isoler les anti-européens purs et durs. Mais cela suppose de réduire l'influence contre-productive du 1 % d'européistes qui doivent arrêter de provoquer les opinions avec leurs chiffons rouges, comme le font de façon irresponsable, dans un autre domaine ultrasensible et au pire moment, les donneurs de leçons partisans de « l'Europe continent d'immigration ».

Pour ce faire, il faut que les élites deviennent plus réalistes, moins arrogantes, plus à l'écoute des demandes légitimes des peuples (identité, sécurité, perspective d'amélioration des conditions de vie, maîtrise des flux financiers et migratoires). Plus inventives aussi. Grâce à ces révolutions mentales, tout redeviendra possible pour l'Europe. Quand, le 16 septembre 2016, à Bratislava, les Vingt-Sept disent : « l'UE n'est pas parfaite mais c'est le meilleur instrument dont nous disposons pour relever les nouveaux défis auxquels nous sommes confrontés », est-ce le début d'une nouvelle sagesse ? On aimerait le croire.

Malheureusement, les Européens l'ont déjà dit à plusieurs reprises. Par exemple, au sommet de Laeken, le 15 décembre 2001, sur (déjà) « l'avenir de l'Union européenne ». La déclaration finale laisse songeur: « l'Union européenne est une réussite [...]. Ne doit-elle pas jouer un rôle de premier plan dans un nouvel ordre planétaire et être un repère pour un grand nombre de pays et de peuples ? [...] une puissance qui veut encadrer la mondialisation selon les principes de l'éthique. »

On a connu des communiqués moins flamboyants, ou plus réalistes.

Mais à côté de cela, ce texte de Laeken traduit des préoccupations d'une troublante actualité... il y a quinze ans ! « À l'intérieur de l'Union, il faut rapprocher les institutions européennes du citoyen. Certes, les citoyens se rallient aux grands objectifs de l'Union, mais ils ne voient pas toujours le lien entre ces objectifs et l'action quotidienne de l'Union. Ils demandent aux institutions européennes moins de lourdeur et de rigidité et surtout plus d'efficacité et de transparence. Beaucoup trouvent aussi que l'Union doit s'occuper davantage de leurs préoccupations concrètes, plutôt que s'immiscer, jusque dans les détails, dans des affaires qu'il vaudrait mieux, compte tenu de leur nature, confier aux élus des États membres et des régions. *Certains ressentent même cette attitude comme une menace pour leur identité.* Mais, ce qui est peut-être plus important encore, les citoyens trouvent que tout se règle bien trop souvent à leur insu et veulent un meilleur contrôle démocratique. »

Et la déclaration de poursuivre : « Une première série de questions à poser concernent la manière de rendre la répartition des compétences plus transparente. Pouvons-nous à cet effet établir une distinction plus claire entre trois types de compétences, à savoir les compétences exclusives de l'Union, les compétences des États membres et les compétences partagées de l'Union et des États membres ? À quel niveau les compétences sont-elles exercées le plus efficacement ? Comment appliquer ici le principe de subsidiarité ? Ne faut-il pas préciser que toute compétence que les traités ne confèrent pas à l'Union appartient exclusivement aux États membres ? Quelles en sont les conséquences ? » Et ainsi de suite...

Le même texte évoque une « meilleure répartition et définition des compétences dans l'Union européenne » : « Le citoyen nourrit souvent à l'égard de l'Union des attentes auxquelles elle ne répond pas toujours ; à l'inverse, il a parfois l'impression que l'Union en fait trop dans des domaines où son intervention n'est pas toujours indispensable. Il faut donc rendre plus claire la répartition des compétences entre l'Union et les États membres, la simplifier et l'ajuster à la lumière des nouveaux défis auxquels l'Union est confrontée. Pour ce faire, on peut aussi bien restituer certaines tâches aux États membres que confier de nouvelles missions à l'Union ou élargir les compétences actuelles. À cet égard, il ne faut jamais perdre de vue l'égalité et la solidarité entre les États membres. »

C'est à se demander ce qu'il s'est passé depuis Lalken, il y a quinze ans ! Rien n'a changé, ou plutôt, tout s'est aggravé.

Ces considérations et ces rappels me conduisent à proposer des pistes *pour enrayer, de façon plus efficace, la désaffection croissante des peuples,* dont le Brexit n'est que le signe le plus spectaculaire.

L'idée est que les gouvernements les plus déterminés reprennent la main et convoquent une conférence refondatrice qui aurait à fixer les contours d'une nouvelle subsidiarité. Celle-ci réassignerait *ensuite* quelques rares nouvelles missions clefs à cette Union repensée pour assurer la pérennité du mode de vie européen dans le monde de demain. Elle permettrait à la démocratie de retrouver son espace et sa légitimité au sein de chaque État membre. Pour le moment, ce n'est vraiment pas la direction choisie, le « système » espérant s'en sortir par une amélioration à la marge. Or, c'est l'ensemble du « système » qu'il faut rebâtir.

Pour ce faire le scénario suivant semble souhaitable et réaliste : pause, conférence, refondation.

Décrétons une pause

Pour sortir de l'impasse, il faudrait commencer par une « Adresse aux peuples », dans les termes les plus clairs : « *Peuples d'Europe, vous êtes attachés à ce que vous avez gardé d'identité et de souveraineté. C'est légitime. La construction européenne n'a pas pour finalité de dissoudre vos identités mais de leur apporter une valeur ajoutée. Nous avons besoin d'*être forts ensemble pour que *l'Europe pèse dans le monde. Notre souveraineté, nous l'exercerons en commun, car nous sommes interdépendants, mais nous vous comprenons et nous décrétons une PAUSE dans l'intégration, pour réfléchir et faire le bilan avant de redémarrer.* »

L'objectif politique est de renouer le contact avec les sceptiques et de les détacher des anti-européens idéologues ou extrémistes impossibles à ébranler, de parler à la grande majorité en train de décrocher pour la convaincre à nouveau. Ceux-là mêmes auxquels le président de la Commission, Jean-Claude Juncker, s'est adressé quand il a eu le courage de déclarer : « Une des raisons pour lesquelles les citoyens européens s'éloignent du projet européen est que nous interférons dans trop de domaines dans leur vie privée, et dans trop de domaines dans lesquels les États membres sont mieux placés pour agir. Nous avons eu tort de réglementer à outrance et de trop interférer dans la vie de nos citoyens. »

Le président de la Commission se dit convaincu que pour changer la perception de l'UE, il faut en alléger les lourdeurs administratives. Il a évidemment raison mais inutile de préciser que le « système », et en premier lieu les services de la Commission, n'ont pas apprécié.

Et qui d'autre le dit aussi nettement parmi les dirigeants pro-européens censés vouloir sauver le projet d'Union, sauf, à sa façon, Donald Tusk, le président du Conseil européen ? Tous ont l'air de croire que le malaise est dû uniquement au fait que l'Europe ne peut pas assurer un État providence à la place d'États trop endettés, et qu'il suffirait, comme à Bratislava le 16 septembre, de cesser les invectives mutuelles, de donner l'impression d'apaiser les désaccords, de parler dans la feuille de route d'investissements, de sécurité, de défense et de jeunesse pour passer le cap du post-Brexit. Tout en évitant d'aborder le fond du sujet, le malaise *existentiel* que Donald Tusk est le seul à nommer. Une grave erreur à mon sens. C'est à partir du constat de la confiscation excessive de la démocratie qu'il faut concevoir la séquence pause, conférence, refondation.

Cette pause ne doit être ni honteuse ni masquée. Elle n'aurait rien à voir avec le maintien du *statu quo*, ni avec un constat d'impuissance, au contraire. Pour marquer les esprits après des années de controverses stériles et produire un effet de souffle, elle devrait découler d'une décision explicite, assumée et même claironnée.

La pause serait brève, et ne s'appliquerait pas, vu l'urgence, à la question des flux de réfugiés et de migrants qui, on peut l'espérer, aura été reprise en main d'ici là. Mais à toutes les autres questions centrales sur lesquelles une clarification s'impose.

Une conférence refondatrice

Toutes les questions seraient traitées par une conférence refondatrice. Certes, on abuse des mots « refondation », « relance », etc. Là, ce serait différent, à condition que la France et l'Allemagne, mettant entre parenthèses leurs différends (politique énergétique, politique migratoire, politique économique dans la zone euro), se mettent d'accord pour organiser une nouvelle conférence de Messine (comme celle qui s'était tenue en juin 1955 et qui déboucha sur le traité de Rome) dans une ville d'Europe qui ne serait aucune des capitales européennes, ni aucune ville dédiée aux sommets à répétition. Et qu'elle convie les États membres prêts à s'engager dans la séquence bilan et refondation. Ce serait là une façon de ne réunir que les États volontaires et de régler l'insoluble question du noyau dur, vieille et séduisante idée qui ne s'est jamais concrétisée pour la bonne raison qu'aucun État membre n'accepte d'être relégué dans « l'écorce molle », et que l'exclusion est impossible. Le programme et l'ambition feraient la sélection.

Les délégations seraient politiques, restreintes, de haut niveau. Les institutions européennes ne seraient invitées que dans un second temps.

L'ordre du jour commencerait par :

– le bilan politique de la construction européenne, de ses méthodes, de son mode de fonctionnement et de décision (la Commission, le Parlement, la Cour de justice, les gouvernements), de sa bureaucratisation progressive (depuis quand ? pourquoi ?), de son rapport avec les peuples (état et causes du décrochage). Ce bilan serait préparé par trois rapports politiques. Le premier émanant de grands anciens, le deuxième de trois dirigeants actuels, et le dernier de représentants du monde économique et de la société civile.

Seraient abordées ensuite :

– la clarification du rôle de la Commission dans les politiques et les compétences existantes à maintenir après inventaire (politique agricole commune écologisée ; fonds structurels adaptés ; politique de la concurrence repensée)

– la définition *limitative* de nouveaux domaines clefs, au sens politique et non financier ou technocratique du terme, là où, à l'avenir, la valeur ajoutée du niveau européen serait évidente aux yeux des peuples.

La subsidiarité

Par subsidiarité, il s'agit surtout d'imposer une vraie retenue dans l'usage du pouvoir des institutions européennes, celui-là ayant été au préalable mieux circonscrit, au lieu d'une extension constante par grignotage. Rappelons que Jacques Delors en parlait déjà.

Jean-Claude Juncker a repris cette saine exigence et en a chargé le vice-président Frans Timmermans. Aussitôt, certains parlementaires, qui n'ont rien compris aux fondements populaires de la crise actuelle, ont dénoncé leur « manque d'ambition ». Juncker et Timmermans ont raison, mais leur positionnement ne suffit pas. En plus des pouvoirs qu'ils tiennent des traités, les fonctionnaires de la Commission ont leurs habitudes et leurs certitudes, notamment les directions les plus puissantes. Ils se pensent plus légitimes que les dirigeants nationaux, ces « féodalités » dont il faut réduire les prérogatives.

Par ailleurs, la Cour de justice a cherché à constitutionnaliser et à fédéraliser le droit communautaire, sans voie de retour. Résultat : il s'est construit avec le temps un « complexe » juridico-bureaucratique Commission/Parlement européen/Cour de justice qui fait tourner un engrenage, avec effet de cliquet n'ayant plus qu'un rapport lointain avec la légitimité démocratique...

Pour donner un vrai coup d'arrêt à cette expansion, il faut pendant la pause faire un inventaire et trier les sujets avec une « Commission de la hache ».

Seuls les principaux dirigeants politiques des États membres réussiront, s'ils y sont absolument déterminés, à ramener la Commission à sa véritable mission d'origine. Elle avait été pensée pour être « extranationale », chargée de dire l'intérêt général européen, mieux que ne peuvent faire des gouvernements strictement nationaux, encore moins à l'époque des sondages, primaires et élections permanentes, et non « supranationale ». D'ailleurs, elle ne se pensait pas à l'origine chargée de tout réglementer. Idée remarquable. Ce n'est que plus tard, pour diverses raisons (interprétation maximaliste du marché unique, idéologie européiste, surenchère des groupes d'intérêt ou des États, boulimie réglementaire), qu'elle s'est transformée en rouleau compresseur.

Cette bataille politique est essentielle si l'on veut reconquérir les peuples. Mais, paradoxalement, elle devra être menée aussi bien dans chaque capitale – à commencer par Paris où l'on a alimenté sans retenue l'hydre normalisatrice en croyant étendre l'influence française, pour étouffer la concurrence ou par simple tropisme bureaucratique – qu'à Bruxelles.

La sécurité

La question de la sécurité, primordiale actuellement en Europe à cause du risque terroriste, aura sans doute été traitée avant la conférence, et ce travail a d'ailleurs commencé. En pratique, cela implique que Schengen devienne suffisamment crédible et efficace pour contrôler et gérer les flux de migrants et de réfugiés qui arrivent dans la zone. Cela permettrait aux onze États participants sur vingt-six ayant suspendu la libre circulation de pouvoir la rétablir. Même si cela relève d'une initiative prise tardivement, en 1985, et hors traité (ce sont des « accords »), qui ne concerne pas les mêmes pays que l'Union (les pays de l'UE moins cinq, plus quatre autres), la libre circulation est devenue aux yeux des Européens un des acquis principaux de la construction européenne, avant même que le principe des quatre circulations, dont celle des personnes, soit érigé en dogme. Cette libre circulation à l'intérieur de l'Europe a, dans un second temps, généré des protestations grandissantes d'une partie des opinions. Les « plombiers polonais », les « Roms » de Roumanie et de Bulgarie, ou encore les immigrants extérieurs et les réfugiés, sont devenus un point de friction dans une confusion complète entre ce qui relève de Schengen ou pas, de l'Union ou non. Le fait est que, quelles que soient les structures, les cadres et les politiques, quels que soient les chiffres réels – plus bas que ce que l'on prétend – dont le rappel sentancieux ne dissipe pas les angoisses, une grande partie de l'opinion européenne a *le sentiment* que rien n'est plus contrôlé.

Disons les choses en termes simples : accueillir peu de personnes, à un rythme échelonné dans le temps, est faisable. Mais si des afflux considérables et brusques de populations interviennent, qu'il s'y mélange demandeurs d'asile et immigrants, le système d'accueil et de contrôle disjoncte. C'est ce qui s'est passé dans la période récente, les réfugiés venus de Syrie s'ajoutant aux flux habituels de migrants économiques. Quant à l'intolérance d'une partie des opinions publiques, elle s'explique par le nombre, l'intensité et une confrontation entre modes de vie différents exaspérée par la menace terroriste.

Il est désolant d'avoir à rappeler de telles évidences, mais cela est indispensable tant le débat sur l'immigration s'est crispé sous la tension de deux extrêmes.

D'un côté, ceux qui attisent les peurs, mélangent toutes les catégories, parlent d'invasion, sont prêts à abandonner tout droit d'asile et tambourinent sans cesse leur litanie. De l'autre, ceux qui ont longtemps tenu le haut du pavé en affirmant que l'immigration est une « chance » et que l'Europe doit accepter de devenir un continent d'immigration – attisant de ce fait les craintes –, et niant sur un ton outré toute angoisse identitaire et le fait que l'assimilation, voire la simple intégration, soit devenue problématique.

Pour nous extirper de ce délire croisé, il faut un Schengen qui fonctionne. Ses frontières géographiques extérieures, appelées à durer, ne devraient être confirmées qu'après vérification qu'elles seront cohérentes et gérables (des pays en moins, ou en plus ?). Elles seraient contrôlées par des gardes-frontières et des gardes-côtes européens en coopération étroite avec les polices nationales sur une base mixte, communautaire et intergouvernementale à la fois, dans l'esprit du discours raisonnable prononcé à Bruges, en novembre 2010, par madame Merkel appelant à dépasser les querelles stériles entre méthodes communautaire et intergouvernementale et à les combiner dans une synthèse européenne. Signe encourageant: l'Union dispose enfin depuis le 6 octobre d'une Agence européenne de gardes-frontières, véritable corps commun qui aura les moyens et le pouvoir d'assurer la surveillance de ses frontières extérieures, ce qui n'était pas le cas avec Frontex.

Par ailleurs, l'asile et l'immigration seraient gérés dans un cadre clarifié. Les politiques d'asile doivent être harmonisées. Madame Merkel n'aurait pas dû attiser le feu comme elle l'a fait en 2014. Mais au bout du compte, l'Europe ne peut pas non plus se renier, ne pas offrir l'asile, fût-il provisoire, à des gens en danger de mort ou de persécution et à la demande desquels il faut répondre vite.

Bien sûr, le poids de la prise en charge ne doit pas reposer seulement sur les pays où les demandeurs d'asile arrivent en premier. Il faut que tous les pays prennent leur part, même si le président Juncker a dû abandonner à Bratislava sa proposition de répartition des réfugiés par quotas tant la fronde des pays d'Europe centrale et orientale était forte.

La seule alternative serait d'aider beaucoup plus les pays voisins de la Syrie qui le font : Turquie, Liban, Jordanie.

Toutes ces dispositions doivent demeurer gérables et assumables devant les opinions. D'ailleurs, c'est une gestion plus stricte qui permettra de répondre plus généreusement aux demandes d'asile.

Il faut noter que des décisions allant dans ce sens ont *déjà* été prises en novembre 2015, à l'initiative du ministre français de l'Intérieur, et qu'il s'agit maintenant… de les faire appliquer par la Grèce, l'Italie, les autres États membres, les institutions européennes, etc.

Cette politique d'asile devrait être complétée par une véritable politique migratoire dont seuls les prémices existent, c'est-à-dire une cogestion des flux entre Schengen, les pays de départ (par exemple ceux de l'Afrique de l'Ouest) et les pays de transit (par exemple le Maghreb), même s'ils sont réticents. Celle-ci se traduirait par la fixation de quotas, par métier, adaptés chaque année en fonction de l'état des économies en Europe. Ce serait un mécanisme précis allant bien au-delà du « codéveloppement » esquissé jusqu'ici dans des rencontres euro-africaines. La feuille de route de Bratislava parle de « pacte pour les migrations » avec les pays tiers, ce qui amorce un pas dans cette direction. Bien sûr, les circulations des étudiants, chercheurs, artistes et hommes d'affaires devraient être facilitées.

Faut-il une Europe-puissance ?

Faut-il abandonner l'objectif d'une Europe-puissance ? Non, au contraire. Les mêmes élites doivent se convaincre, et convaincre les peuples, d'assumer la nécessité pour l'Europe de se métamorphoser en une véritable puissance. Ce sera une révolution car depuis 1945, pour des raisons que l'Histoire explique mais qui se retournent contre elle, celle-ci a abdiqué toute idée de puissance, s'est placée sous tutelle et répugne à l'emploi de la force, même légitime.

Pourtant, une puissance pacifique – pas pacifiste – et respectée est nécessaire. À défaut, l'Union sera de plus en plus impuissante et dépendante des autres, et pas seulement de son protecteur américain. Les Européens doivent admettre que le monde ne forme pas encore, malgré le succès remarquable de la COP21[1], une « communauté internationale » dont il suffirait d'être un membre exemplaire, mais qu'il est une foire d'empoigne. Et aussi reconnaître que les Occidentaux, qui n'ont plus le monopole de la puissance et de l'influence, doivent compter avec tous

1. Au-delà de sa ratification et de sa mise en œuvre, l'enjeu est maintenant l'extension de cette méthode mobilisatrice à la préservation vitale de la biodiversité.

les autres peuples émergents. Le faire vraiment, ne pas faire semblant !

Redécouvrir également que la politique étrangère ne consiste pas à ne fréquenter que ceux qui sont d'accord avec nous, ou à convertir le monde à nos valeurs comme des missionnaires – même si on espère un respect croissant des droits de l'homme partout, grâce à la dynamique interne aux sociétés –, mais à traiter avec lui, au mieux de nos intérêts et de nos valeurs.

Le projet européen ne consiste pas, j'insiste, à « nous en remettre à l'Europe », par fatigue historique, lâcheté ou dogmatisme, mais à rassembler collectivement nos forces. Pour faire naître une politique étrangère commune à vingt-sept pays, lesquels diffèrent sur beaucoup de points pour des raisons historiques, rien ne sert d'empiler traités, procédures et prises de position, ni de créer prématurément des fonctions sans contenu réel. Il serait plus efficient de charger d'abord les États membres les plus opposés entre eux de proposer, sujet après sujet, des synthèses acceptables par tous. Alors que le fédéralisme classique conduirait à une politique étrangère décidée à la majorité au sein des Vingt-Sept/Vingt-Huit, sans droit de veto, et donc au triomphe de la non-volonté. Pour longtemps.

Cela aurait dû être fait depuis longtemps et permettrait à l'Europe de recouvrer, sans agressivité, une autonomie de pensée par rapport aux États-Unis dans sa relation avec le reste du monde, et de s'opposer à l'arbitraire et à l'unilatéralisme judiciaire américain qui passe les bornes. De reconstruire la relation Europe/Russie. De traiter avec les grands émergents, de façon à s'en faire respecter. D'imposer un équilibre plus prudent entre obtention de marchés et transfert de technologies. De soutenir habilement dans les mondes arabe, musulman, africain et autres les forces de progrès et de modernisation, sans être happé par leurs convulsions.

Par ailleurs, parmi les domaines évoqués depuis le Brexit pour une relance de l'Europe, on reparle de défense européenne. Mais de quoi parle-t-on concrètement ? Certainement pas de défendre l'Europe à la place de l'OTAN. À supposer que les Européens le veuillent, ce qui n'est pas le cas, on ne pourrait l'ambitionner que si un nombre suffisant de pays étaient prêts à hausser leur budget de défense à 2 % du PIB, à se doter d'équipements modernes, d'armées entraînées, d'un commandement unifié, d'une hiérarchie de décisions acceptées à l'avance, tout cela pouvant constituer le pôle européen de l'Alliance atlantique.

Les Américains seraient peut-être moins hostiles que par le passé à une telle affirmation européenne. Ils l'étaient en tout cas pendant le premier mandat d'Obama, et les Européens n'ont pas su saisir cette opportunité.

Sans cette volonté forte, inutile de parler dans le vide de défense européenne, d'Europe de la défense, d'armée européenne. De recréer de futures attentes, de nouvelles illusions, génératrices de nouvelles déceptions. Parlons plus modestement de coopérations militaires ou industrielles, de mutualisations, au plus de maintien de la Paix, et même pas d'opérations conjointes. Les ministres français et allemands de la défense, Jean-Yves Le Drian et Ursula von der Leyen, ont fait en septembre 2016 l'inventaire de ce qui a été décidé et de ce qui pourrait être mis en œuvre raisonnablement.

Dans ce domaine, la proposition la plus ambitieuse émane de la Fondation Robert Schuman. Elle a proposé en octobre 2016 (donc après le Brexit) que l'Allemagne, la Grande-Bretagne et la France signent ensemble (donc de façon intergrouvernementale et non « communautaire ») un « traité pour la défense et la sécurité de l'Europe » dans le cadre du traité de l'Atlantique nord signé à Washington le 4 avril 1949 et par lequel les parties s'engagent à se porter assistance et à coopérer étroitement.

Cela bouleverserait totalement la situation issue de 1945. C'est l'unique voie d'avenir vers une vraie défense européenne. Tant que ces trois pays ne sont pas capables de s'y engager, cessons de parler de défense européenne !

L'harmonisation fiscale

La zone euro n'échappe pas à la nécessité d'un bilan. C'était cela ou la grande zone mark. Cela dit, l'euro a-t-il été un progrès et une protection, ou un carcan ? Même si ce bilan est positif, une harmonisation budgétaire mais aussi fiscale est souhaitable en son sein, et plus encore une meilleure coordination et un plus grand pragmatisme des politiques économiques. Impensable sans un compromis politique au plus haut niveau, d'abord entre l'Allemagne et la France : de vraies réformes structurelles en France contre l'élargissement des missions de la Banque centrale. Celle-ci agit déjà intelligemment sous l'impulsion de son gouverneur, Mario Draghi, mais son mandat devrait lui permettre d'être plus contra-cyclique en fonction des circonstances, et plus réactive pour atteindre l'objectif d'une croissance durable, non inflationniste et créatrice d'emplois…

Si une synthèse entre l'assainissement progressif des finances publiques et la croissance durable n'est pas trouvée, si l'Allemagne n'assouplit pas un peu ses positions, la fronde périphérique gagnera du terrain et les propositions plus radicales de sortie de l'euro séduiront une partie croissante de l'opinion dans les pays qui n'arrivent pas à respecter les fameux critères ou qui se pensent vampirisés par l'attractivité allemande et les énormes excédents allemands. Moins radicale que la proposition de suppression de l'euro de Philippe Villin, la proposition Stiglitz d'éclatement de la zone euro en quatre zones plus flexibles, en attendant que les conditions d'une intégration économique plus poussée (il est pour) soient réunies, est significative d'une interrogation grandissante.

Si l'on en revient plus prudemment à la recherche d'une meilleure politique dans la zone euro, celle-ci n'aura pas forcément besoin pour cela de structures technocratiques supplémentaires (un super-ministre des Finances de la zone euro) qui permettraient peut-être des décisions plus rapides, mais ne les rendraient pas plus légitimes.

Préserver le mode de vie européen

Le grand objectif qui réconcilierait à coup sûr élites et populations, s'il était proclamé, serait le maintien à long terme du mode de vie européen. Par mode de vie, j'entends un certain équilibre entre individu et groupe, liberté et organisation, protection et expérimentation, équilibre propre aux sociétés européennes actuelles. Et, bien sûr, la maîtrise raisonnable des technologies ainsi qu'une action continue pour que la planète demeure habitable.

Même quand tout le monde est mécontent, une certaine douceur de vivre est présente en Europe. Autant dire que la préserver dans notre monde tourmenté suppose des politiques nationales et européennes combinées et durablement menées dans tous les domaines et dans toutes les enceintes. Prenons un exemple : l'Europe a un intérêt vital, comme tous les autres continents, à ce que les menaces sur l'environnement soient jugulées. Mais elle se veut exemplaire. Pour cela, il faudra, à marche forcée, sur dix ou vingt ans, « écologiser » l'énergie, l'agriculture, l'industrie, la chimie, la construction, les transports… Cela passera par des milliers d'inventions (il y en a constamment), cela supposera des décisions publiques ou privées, nationales ou locales… Dans tous ces domaines, il y aura des transitions à gérer au mieux. La Commission pourrait faire valoir que, justement, son action quotidienne et beaucoup de ses directives y concourent déjà. On pourrait prendre d'autres exemples de ce que « l'Europe » pourrait apporter *en plus* dans les domaines numériques, biotechnologiques, etc.

Mais là, attention à un risque paradoxal ! Au moment où il s'agit de réintéresser, de réengager des peuples exaspérés par la dépossession démocratique, il serait contradictoire de mener toutes ces politiques au niveau européen en vampirisant tous les autres niveaux de décision. Au niveau européen il faudrait donc faire connaître les bonnes et les mauvaises pratiques, suggérer, encourager, entraîner, fixer des objectifs, des calendriers, sans se substituer systématiquement aux États membres, aux collectivités locales, aux entreprises... ni tout réglementer en détail. Ce serait sa nouvelle façon d'être, radicalement différente de celle qui a cours aujourd'hui. Cela suppose un changement profond de mentalité et de comportement de la part des fonctionnaires européens qui ont œuvré pendant des décennies avec compétence, conviction et dévouement, mais parfois un certain autisme. Ils vont devoir se remettre en cause, leur nombre sera un jour réduit. Comme les administrations nationales réglementaristes, surtout françaises, qui en jouent constamment, tout en s'en plaignant.

Aucun objectif, aussi grand et incontestable soit-il – la préservation du mode de vie, de la culture européenne, des libertés – ne doit plus pouvoir être utilisé, comme l'ont été la concurrence libre et non faussée ou l'harmonisation dans le marché unique, comme un nouveau prétexte à tout niveler, à tout réglementer de façon ubuesque, il doit plutôt servir un grand objectif politique qui devrait réconcilier, en Europe, les élites et la population.

Refondation

Le résultat de la conférence de refondation, qui durerait le temps nécessaire (plus qu'un sommet classique, beaucoup moins que la « Convention ») ferait l'objet d'un texte politique de conclusions qui recentrerait l'Union sur l'essentiel et qui, après une intense campagne d'explications, pourrait être soumis à référendum le même jour dans chaque État membre y ayant participé et ayant endossé ses résultats. Recourir à des référendums, même consultatifs, *avant* une telle clarification ne ferait qu'alimenter la dislocation de l'Union.

L'ensemble de ce processus – pause, conférence, refondation – redonnerait à l'Europe une assise parmi les peuples et une respiration démocratique.

Ces idées de clarification radicale et de refondation sont et seront naturellement combattues par ceux qui croient encore au mythe fédéral, qui ont une peur panique de l'abandon de ce fétiche et redoutent que le moindre compromis ne désagrège l'œuvre de leur vie. C'est dire à quel point ils n'ont pas confiance dans les peuples, qu'ils ont renoncé à convaincre, si ce n'est à sermonner.

Ces idées seront combattues aussi dans le système européen actuel par tous ceux dont cela menacerait la routine, le pouvoir et les positions. Au total, des forces de blocage considérables, peut-être insurmontables. Mais je suis convaincu que les peuples ne peuvent plus être négligés, encore moins menés en bateau ou tancés comme des enfants. Et que les fuites en avant européistes, évoquées çà et là à contretemps, détruiraient ce qui reste de consensus.

C'est tout simplement l'épreuve de vérité démocratique, pour un projet historique qui court à sa perte s'il n'est pas fondamentalement redéfini.

À plus long terme, l'idée d'un partenariat continental entre la Grande-Bretagne et l'Union pour les quinze ou vingt prochaines années formulée par le *think tank* bruxellois Bruegel, applicable d'ailleurs à d'autres pays, pourrait résoudre beaucoup de problèmes.

Dans tous les cas, le *statu quo* n'est plus tenable.

Revenir à la fédération d'États-nations

Si l'on veut préserver les acquis européens, et éviter que tout se détricote, il est donc nécessaire d'abandonner explicitement la logomachie déresponsabilisante et anxiogène de l'intégration européenne sans fin. Comme la métaphore de la bicyclette qui doit toujours avancer pour ne pas tomber, la demande permanente d'un nouveau traité, les « ce n'est qu'une étape », le vieux mythe des « États-Unis d'Europe » qui seraient seuls à même de faire le poids… Analogie trompeuse. Ceux qui ont fait les États-Unis ont rassemblé… des Américains. Ils n'ont pas eu à réconcilier, encore moins à fusionner, de vieilles nations antagonistes et parlant des langues différentes.

Il faut revenir à la juste formule de Jacques Delors « fédération d'États-nations », oxymore intelligent qu'il employait d'ailleurs dans un sens assez fédéral, mais dans lequel chaque mot compte, y compris *États* et *nations*. Stabiliser cette réalité originale et équilibrée, la faire vivre et rayonner. En réaffirmant que les peuples et les États-nations d'Europe ne vont pas disparaître. Qu'ils ne sont ni dépassés ni ringards. Qu'ils peuvent être ouverts, modernes, associés tout en étant unis par des liens fédéraux dans quelques domaines précis.

Nous ne devons plus, comme depuis trop d'années, tout attendre ou tout redouter de l'Europe, de tel ou tel traité, mais retrouver, à notre niveau, la France, le sens des responsabilités, nos objectifs, une volonté. Et reformuler les politiques que nous voulons mener avec nos partenaires dans le cadre européen.

Ces clarifications indispensables favoriseraient évidemment une approche par projets entre États, collectivités locales, organismes, entreprises volontaires. Grands équipements, projets universitaires, scientifiques, industriels, sociaux, culturels, écologiques, diplomatiques. Investissement d'avenir… Projets précis, assortis de calendriers. 2030, 2040, 2050 ! Face à eux personne ne sera tenté par le « non » car n'y participeraient que ceux qui le souhaitent. Il se construira ainsi une Europe nouvelle et moderne, par réseaux, par objectifs, par capillarité, en plus du socle commun qui aura été conservé. D'où l'insistance de Jean-Claude Juncker sur son plan d'investissements qui passerait de 315 milliards d'euros en 2016 à 630 en 2030.

L'Europe sociale

Sur le plan social, s'il est souhaitable de parvenir à une harmonisation européenne générale sur quelques principes de base, le cadre pertinent de la politique et du dialogue social doit demeurer l'État-nation et l'Europe sociale n'a pas à se substituer à celui-ci. En ce qui concerne la France, c'est au niveau national que nous devons mettre en œuvre une politique économique novatrice, créatrice de vrais emplois non subventionnés, couplée à une offre de formation permanente, à grande échelle et personnalisée (la sécurité précédant et permettant la flexibilité), ce qui est la clef de l'acceptation par les Français de la réforme nécessaire de notre système social et d'un regain de confiance. Cela, l'Europe ne le fera pas à notre place. Mais elle ne nous en empêche pas. La France peut y parvenir si son rapport à l'Europe est assaini, alors qu'il est devenu inextricable et paralysant.

La France et l'Allemagne, à nouveau pivot de l'Union ?

Mais toute réflexion ou proposition sur l'avenir de l'Europe reste éthérée si l'on n'aborde pas franchement la question lancinante de l'état actuel de la relation France-Allemagne. Celle-ci ne doit pas rester le point aveugle d'une réflexion sur l'avenir de l'Europe. Le problème est que cette question sensible est saturée en France de sous-entendus et de non-dits complexés qui se traduisent par un recours envahissant aux formules toutes faites ou conjuratoires, ou aux rituels commémoratifs.

Ce qui reste vrai, extraordinaire et pratiquement sans équivalent, c'est qu'à partir d'une dizaine d'années après la fin de la guerre, les dirigeants allemands et français de la fin de la IVe République, puis bien sûr le général de Gaulle et le chancelier Adenauer, ont réconcilié de façon magnifique les deux pays, ce qui n'était pas facile dans un temps si court, étant donné l'état d'esprit des opinions. D'abord les élites, puis peu à peu les opinions publiques. Cela s'est traduit par l'ambitieux traité franco-allemand de 1963 et une sorte de religion d'État : l'amitié franco-allemande.

Ensuite, la relation franco-allemande au sommet fut incarnée par deux « couples » emblématiques : Valéry Giscard d'Estaing et Helmut Schmidt de 1974 à 1981 ; François Mitterrand et Helmut Kohl de 1982 à 1995. Bien sûr, il y avait la menace soviétique, le cadre de l'alliance, celui de l'Europe, un encouragement américain mais aussi une volonté franco-allemande. Puis le temps passa et les choses changèrent. Conséquence de la politique de Gorbatchev envers l'Europe de l'Est, l'Allemagne put se réunifier en 1990.

Après les départs de Mitterrand en 1995, puis de Kohl en 1998, il n'y a plus eu de « couple » à proprement parler. Seulement des moments d'accord ou d'entente, sur fond de désaccords ou de malentendus volontairement jamais éclaircis entre Chirac et Kohl, Schröder et Chirac, Sarkozy et Merkel, Merkel et Hollande, malgré ou à cause de la mise en place de la monnaie unique voulue par Mitterrand et acceptée par Kohl.

Les évènements survenus depuis lors ont mis en évidence un décrochage progressif entre les deux pays. D'abord, les réformes effectuées courageusement par Gerhard Schröder après 2002 pour reprendre le contrôle des dépenses publiques en Allemagne et supprimer l'endettement allemand lui ont redonné une remarquable compétitivité et un poids en

Europe dont madame Merkel a longtemps bénéficié, alors même qu'au début des années 2000, l'Allemagne était considérée comme « le malade de l'Europe ».

L'opposition justifiée Chirac/Schröder (et Poutine) à la guerre américaine en Irak en 2003, principale source du chaos actuel au Moyen-Orient, a été la dernière manifestation officielle d'une convergence franco-allemande sur un sujet diplomatique de premier plan, mis à part le louable accord de Minsk, Merkel/Hollande/Poutine/Porochenko qui reste à concrétiser.

Dans le même temps, l'Allemagne a efficacement joué de sa supériorité démographique pour obtenir dans les traités d'Amsterdam, de Nice, puis à la Convention et dans le traité constitutionnel, un renforcement de son poids dans les institutions européennes : nombre de parlementaires européens, pondération des votes au Conseil européen.

Avec le temps, l'appel rituel au renforcement ou à la relance du « couple franco-allemand » est devenu une antienne presque uniquement française, à l'exception notable de Wolfgang Schaüble. Pour les chanceliers de l'Allemagne réunifiée, Schröder puis Merkel, la notion de « couple franco-allemand » ne correspond plus ni à leur histoire, ni à leur sensibilité, ni à une nécessité. Mais à une attitude obligée à un moment donné, devenue moins impérieuse.

D'où un désarroi croissant à Paris qui s'est traduit de multiples façons. D'abord par des tentatives de « relance » ou « d'initiatives communes » par la France (qui tournèrent court pour la plupart) comme si on pouvait encore faire jouer les vieux réflexes. Ensuite par un silence embarrassé. Puis une gêne visible. Tout cela embrumé de langue de bois.

S'agissant des réformes, l'opinion française est partagée entre ceux – pas assez nombreux ! – qui pensent que la France aurait dû faire la même chose que Schröder, au même moment (pendant le second mandat de Chirac), et ceux qui, au contraire, refusent absolument ce type de réformes au nom de la préservation du sacro-saint « modèle social français » ou de la croyance éternelle dans la relance par l'endettement au prix du creusement des déficits public.

La décision personnelle de madame Merkel de faire sortir l'Allemagne du nucléaire après Fukushima, sans vraie préparation, a été applaudie par les Verts français et n'a pas été critiquée par les membres de la majorité de François Hollande, même par ceux qui la jugeaient électoraliste et aberrante, y compris d'un point de vue écologique.

Même au moment de la COP21, pour ne pas rompre le consensus indispensable, on fit très peu remarquer que la décision solitaire et prématurée allemande avait désorganisé le marché de l'énergie en Europe, et relancé pour longtemps l'émission de CO_2 par l'Allemagne du fait du recours accru au charbon et à la lignite. Et on proteste peu contre l'action allemande au sein de l'Union européenne pour délégitimer le nucléaire comme moyen (pourtant encore irremplaçable) de réduire le CO_2. Puissance inhibante de l'Allemagne intériorisée par ses partenaires faibles... de leurs faiblesses propres.

La gêne s'est sentie aussi en 2015-2016 quant à la gestion généreuse mais trop personnelle et mal maîtrisée par madame Merkel de l'afflux de réfugiés, et au cavalier seul auquel cela l'a conduite avec la Turquie.

La confusion a été extrême tout au long du psychodrame grec où la France se présentait comme la protectrice de la Grèce menacée d'être expulsée de l'Europe (en fait de l'euro) par d'impitoyables créanciers allemands (heureusement pour les Grecs qu'ils n'étaient pas chinois : les Chinois auraient été moins patients et moins compréhensifs *in fine*). On n'a pas bien compris s'il s'agissait d'aider (d'obliger ?) la Grèce à rester soumise pour son bien aux règles d'airain de la zone euro ou de sauver les créances des banques françaises et autres...

Au cours des dix dernières années, si l'opinion française est en majorité restée sans broncher partisane de l'amitié franco-allemande (mais qu'est-ce que cela veut dire aujourd'hui ?), les élites se sont partagées entre partisans immuables du « couple », demandeurs mécaniques et isolés d'une relance de la relation, critiques politiciennes de plus en plus bruyantes et démagogiques de l'Allemagne et enfin demandeurs d'une clarification qui apaiserait la relation et permettrait qu'elle soit relancée sur des bases assainies, comme c'est mon cas.

J'ai déjà évoqué les nostalgiques du couple. Le plus souvent, ceux qui critiquent l'Allemagne sont motivés par le refus de la « politique d'austérité » qu'ils présentent comme imposée par elle. Cela va des opposants à la monnaie unique, qui veulent en sortir, à ceux qui veulent seulement en changer la doctrine ou les règles en rendant la Banque centrale moins indépendante, ou en étendant sa mission à l'encouragement à la croissance durable (ce que fait déjà monsieur

Draghi au prix de tensions... avec l'Allemagne). Les tenants de ce courant de pensée ne se soucient pas de l'endettement car ils prétendent qu'une relance de la croissance le résorberait, relance obtenue à coups d'investissements publics et d'augmentation du pouvoir d'achat... ce qui creuserait les déficits. Cette logique à la Shadocks est pourtant réclamée par les syndicats en France ; les partis de gauche, et d'autres, regrettent de ne plus pouvoir la pratiquer. François Hollande n'a pas tort de dire à ses interlocuteurs européens qu'il est à peu près le seul en France (en fait avec Alain Juppé et François Fillon) à assumer la nécessité d'assainir les finances publiques, sans y parvenir vraiment pour autant.

Après tout, même le FMI et l'OCDE ainsi que plusieurs économistes pas spécialement laxistes, estiment maintenant qu'on a été trop loin dans la seule réduction des déficits et qu'il vaudrait mieux combiner l'assainissement des finances publiques (auquel ils ne renoncent pas), la croissance durable et la compétitivité. Mais il est absurde de prétendre que cela a été imposé par l'Allemagne seule qui en profiterait pour nous dicter une politique « d'austérité », ce mot censé faire froid dans le dos. La monnaie unique a été voulue par la France (redisons que c'était mieux pour nous que la zone mark) : les critères de Maastricht, jugés confortables à l'époque, ont été conçus par Pierre Bérégovoy et Jean-Claude Trichet ; plusieurs pays développés, confrontés aux mêmes problèmes, ont fait les mêmes efforts alors ils n'étaient pas dans l'euro (Norvège) voire pas européens (Canada).

Il n'empêche que la mise en cause de l'Allemagne, le refus de toute leçon à tirer de ses réussites, ont retrouvé droit de cité, sans parler de la dénonciation facile de son « hégémonie ». Il y a certes une certaine balourdise allemande mais balayons d'abord devant notre porte.

La conclusion est qu'il faudrait recréer les bases saines d'un partenariat et d'une négociation France/Allemagne.

L'Allemagne s'y dérobera si elle pense que la France n'a ni l'intention ni les capacités de le faire et de tenir les engagements qu'elle a librement contractés dans les traités européens. Elle s'y prêtera dans le cas inverse, peut-être après les élections présidentielle et législatives françaises de mai-juin 2017, ou après les siennes propres à l'automne 2017. Cela permettrait de se parler franchement, sans reproche stérile, de tout, y compris de l'énergie, de l'asile, de la gestion des flux migratoires, de la Turquie, de la politique économique et des harmonisations dans la zone euro, de la coopération en matière de défense et des interventions extérieures, et plus largement de l'avenir de l'Europe.

Pour l'Europe, pour enrayer son délitement actuel, il serait préférable de ne pas avoir à attendre 2018. La possibilité que l'Europe se défasse est insupportable. On disait naguère : « faire l'Europe sans défaire la France ». À certains moments, on a le sentiment qu'on n'a pas réussi l'un sans empêcher l'autre. Le 16 septembre 2016 à Bratislava, les Vingt-Sept semblent avoir commencé à prendre conscience des risques, d'où leur feuille de route qui comporte beaucoup d'intentions louables et d'objectifs justifiés, mais reste insuffisante.

Rien n'empêcherait les dirigeants français, allemands, italiens et autres, de réfléchir ensemble dès maintenant à une séquence : message aux peuples et pause de réflexion, conférence de clarification et de refondation, relance. Cela aurait plus de force qu'une initiative lancée par un pays seul. Ils pourraient préparer le rendez-vous de Rome en mars 2017 en étroite concertation avec les présidents Tusk et Juncker.

Si cela s'avérait impossible, la France, cessant de douter d'elle-même, retrouvant sa capacité d'entraînement, devrait avancer ses propres propositions.

10 octobre 2016

CET OUVRAGE A ÉTÉ ACHEVÉ D'IMPRIMER
SUR ROTO-PAGE
PAR L'IMPRIMERIE FLOCH À MAYENNE
EN OCTOBRE 2016

N° d'édition : 499. N° d'impression : 90230.
Dépôt légal : novembre 2016.
Imprimé en France